Impressum
Verlag: BABADADA GmbH, Nedderfeld 112 , 22529 Hamburg
Geschäftsführer / Verlagsleitung: Harald Hof
Druck: Books on Demand GmbH, In de Tarpen 42, 22848 Norderstedt

Imprint
Publisher: BABADADA GmbH, Nedderfeld 112 , 22529 Hamburg, Germany
Managing Director / Publishing direction: Harald Hof
Print: Books on Demand GmbH, In de Tarpen 42, 22848 Norderstedt

school

məktəb

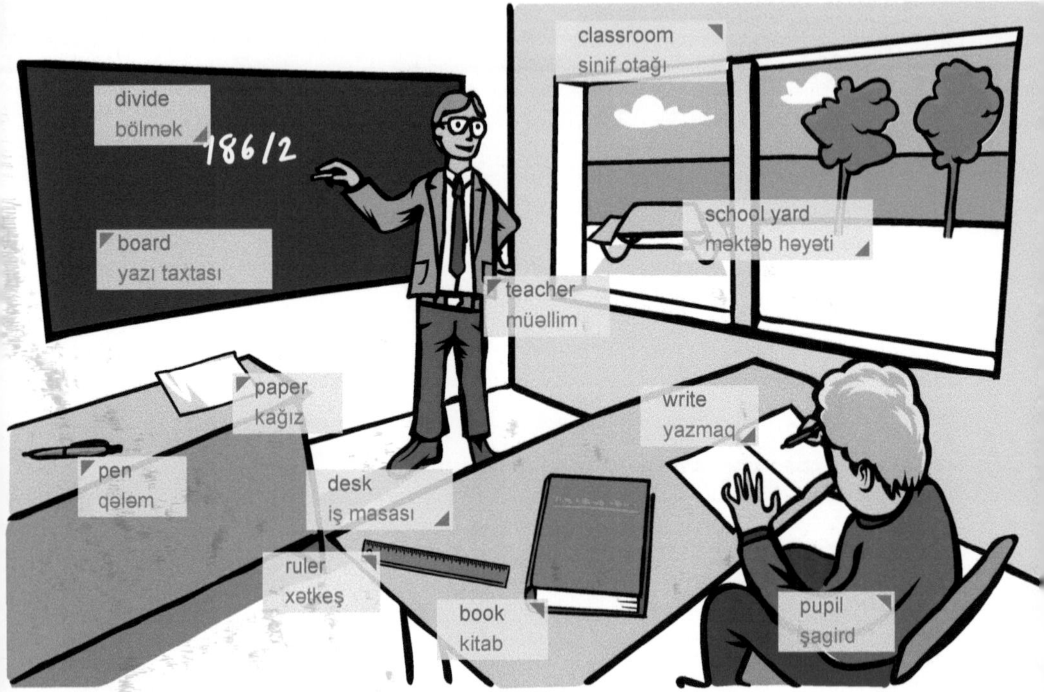
classroom
sinif otağı
divide
bölmək
186/2
board
yazı taxtası
school yard
məktəb həyəti
teacher
müəllim
paper
kağız
write
yazmaq
pen
qələm
desk
iş masası
ruler
xətkeş
book
kitab
pupil
şagird

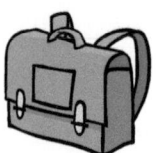

satchel

məktəbli çantası

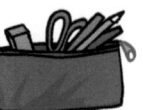

pencil case

karandaş qabı

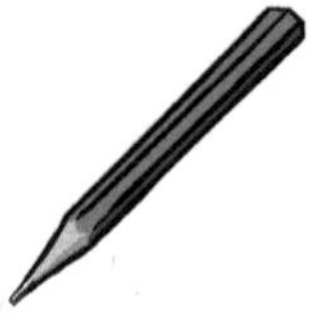

pencil

karandaş

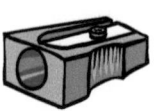

pencil sharpener

karandaş yonan

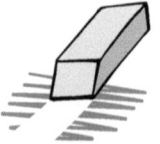

rubber

pozan

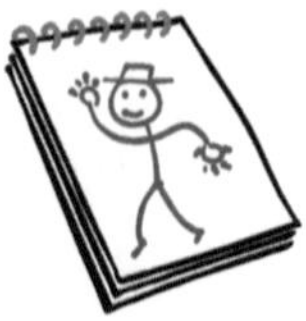

drawing pad

rəsm albomu

drawing

rəsm

paintbrush

boya fırçası

paint box

boya qutusu

scissors

qayçı

glue

yapışdırıcı

exercise book

dəftər

homework

ev tapşırığı

12

number

say

2+2

add

əlavə etmək

5-2

subtract

çıxmaq

2×2

multiply

vurmaq

calculate

hesablamaq

A

letter

hərf

ABCDEFG HIJKLMN OPQRSTU VWXYZ

alphabet

əlifba

hello

word

söz

text

mətn

read

oxumaq

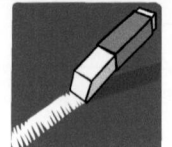

chalk

tabaşir

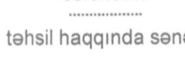

lesson

dərs

register

sinif jurnalı

exam

imtahan

certificate

təhsil haqqında sənəd

school uniform

məktəb uniforması

education

təhsil

encyclopedia

ensiklopediya

university

universitet

microscope

mikroskop

map

xəritə

waste-paper basket

zibil qutusu

travel
səyahət

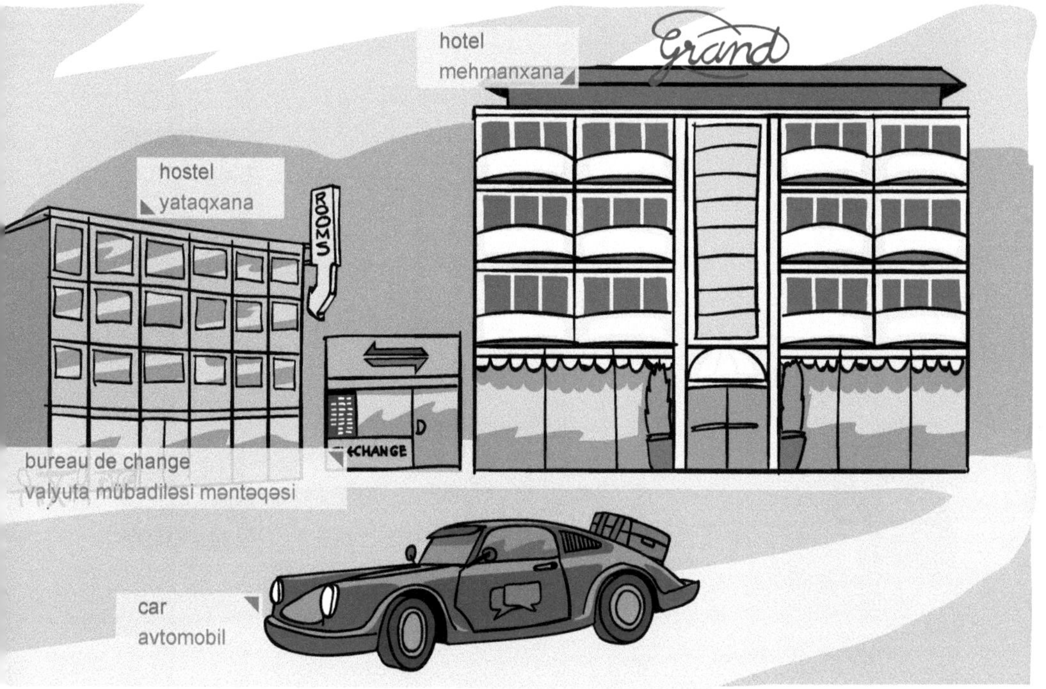

hotel
mehmanxana
Grand
hostel
yataqxana
ROOMS
CHANGE
bureau de change
valyuta mübadiləsi məntəqəsi
car
avtomobil

language

dil

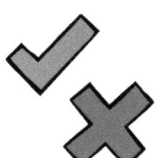

yes / no

bəli/xeyr

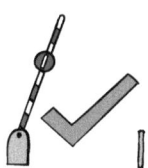

Okay

oldu

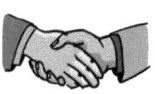

hello

salam

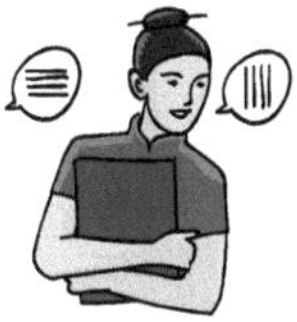

translator

tərcüməçi

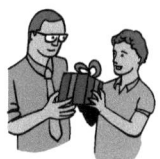

Thank you

Təşəkkür edirəm

how much is...?

giyməti nə qədərdir ...?

I do not understand

mən başa düşmürəm

problem

problem

Good evening!

Axşamınız xeyir!

Good morning!

Sabahınız xeyir!

Good night!

Gecəniz xeyrə galsin!

bye bye

hələlik

direction

istiqamət

luggage

baqaj

bag

torba

backpack

kürək çantası

guest

qonaq

room

otaq

sleeping bag

yataq-çuval

tent

çadır

tourist information

turistlər üçün məlumat

beach

çimərlik

credit card

kredit kartı

breakfast

səhər yeməyi

lunch

günorta yeməyi

dinner

nahar yeməyi

ticket

bilet

lift

lift

stamp

poçt markası

border

sərhəd

customs

gömrük

embassy

səfirlik

visa

viza

passport

pasport

travel - səyahət

transport
nəqliyyat

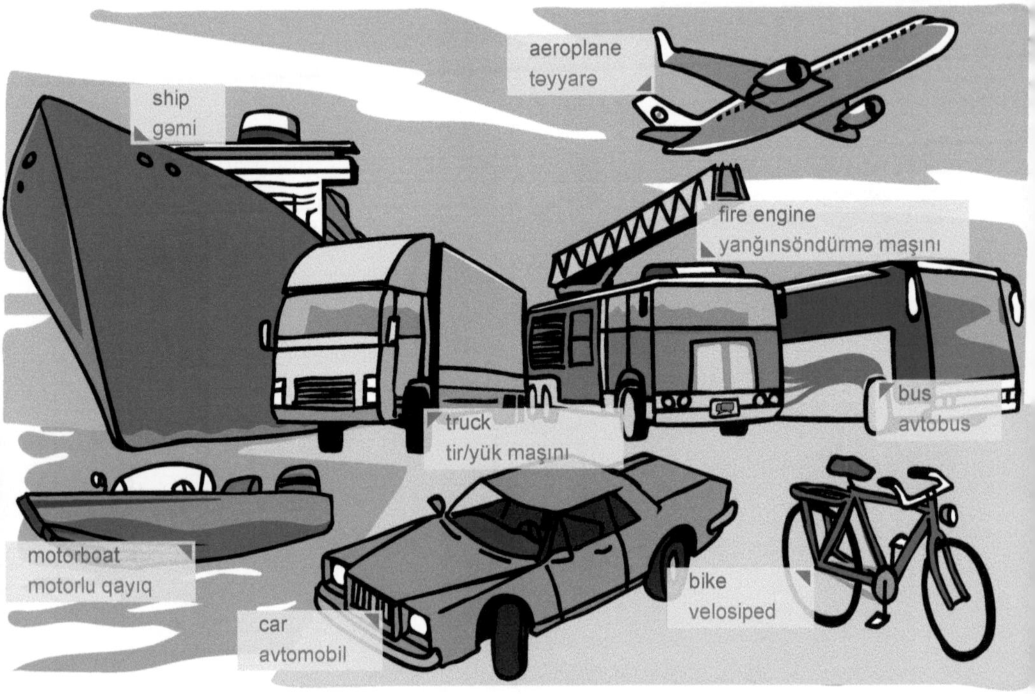

aeroplane
təyyarə
ship
gəmi
fire engine
yanğınsöndürmə maşını
bus
avtobus
truck
tir/yük maşını
motorboat
motorlu qayıq
bike
velosiped
car
avtomobil

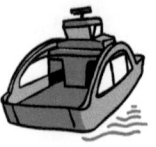

ferry
bərə

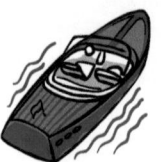

boat
qayıq

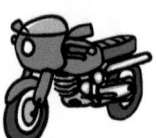

motorbike
motosiklet

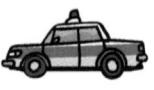

police car
polis avtomobili

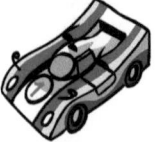

racing car
yarış avtomobili

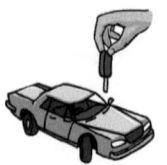

rental car
icarə avtomobili

car sharing

avtomobil icarəsi

breakdown truck

texniki yardım maşını

refuse truck

zibil maşını

motor

mühərrik

fuel

yanacaq

petrol station

benzin doldurma məntəqəsi

traffic sign

yol nişanı

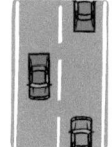

traffic

yol hərəkəti

traffic jam

tıxac

car park

avtomobil dayanacağı

train station

dəmir yolu stansiyası

tracks

dəmiryol

train

qatar

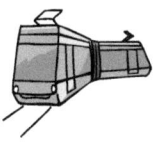

tram

tramvay

carriage

vaqon

helicopter

helikopter

airport

hava limanı

tower

qüllə

passenger

sərnişin

container

konteyner

carton

karton qutu

cart

əl arabası

basket

səbət

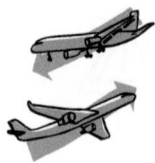

take off / land

qalxmaq / enmək

city

şəhər

village

kənd

city centre

şəhər mərkəzi

house

ev

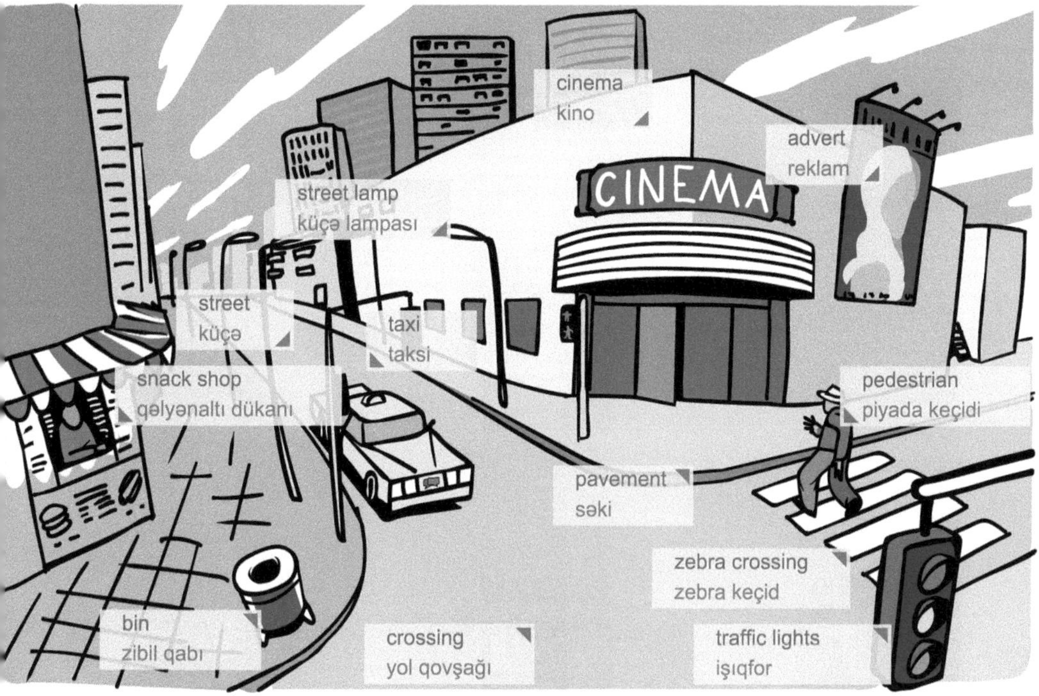

cinema
kino
CINEMA
advert
reklam
street lamp
küçə lampası
street
küçə
taxi
taksi
snack shop
qəlyənaltı dükanı
pedestrian
piyada keçidi
pavement
səki
zebra crossing
zebra keçid
bin
zibil qabı
crossing
yol qovşağı
traffic lights
işıqfor

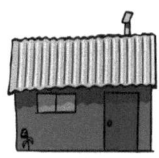

hut

daxma

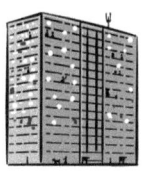

flat

mənzil

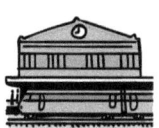

train station

dəmir yolu stansiyası

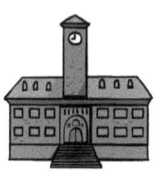

town hall

bələdiyyə binası

MUSEUM

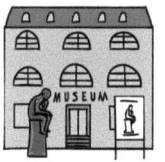

museum

muzey

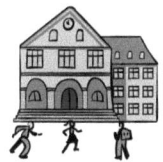

school

məktəb

university

universitet

bank

bank

hospital

xəstəxana

hotel

mehmanxana

pharmacy

aptek

office

ofis

book shop

kitab dükkanı

shop

dükan

florist's

çiçək dükanı

supermarket

supermarket

market

bazar

department store

univermaq

fishmonger's

balıq satıcısı

shopping centre

ticarət mərkəzi

harbour

liman

park

park

bench

oturacaq

bridge

körpü

stairs

pilləkən

underground

metro

tunnel

tunel

bus stop

avtobus dayanacağı

bar

bar

restaurant

restoran

postbox

poçt qutusu

street sign

`küçə nişanı

parking meter

parkinq sayğacı

zoo

zoopark

swimming pool

üzgüçülük hovuzu

mosque

məscid

city - şəhər

farm

ferma

pollution

ətraf mühitin çirklənməsi

graveyard

məzarlıq

church

kilsə

playground

oyun meydançası

temple

məbəd

landscape

mənzərə

signpost
yol nişanı

way
yol

meadow
çəmən

stone
daş

hiker
piyada səyyah

tree
ağac

river
çay

grass
ot

flower
gül

valley

vadi

hill

təpə

lake

göl

forest

meşə

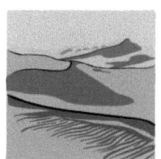

desert

səhra

volcano

vulkan

castle

qəsr

rainbow

göy qurşağı

mushroom

göbələk

palm tree

palma

mosquito

ağcaqanad

fly

milçək

ant

qarışqa

bee

arı

spider

hörümçək

beetle

böcək

frog

qurbağa

squirrel

dələ

hedgehog

kirpi

hare

dovşan

owl

bayquş

bird

quş

swan

qu quşu

boar

qaban

deer

maral

moose

sığın

dam

su bəndi

wind turbine

külək turbini

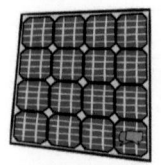

solar panel

günəş batareyası

climate

iqlim

landscape - mənzərə

restaurant
restoran

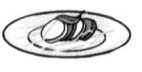

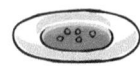

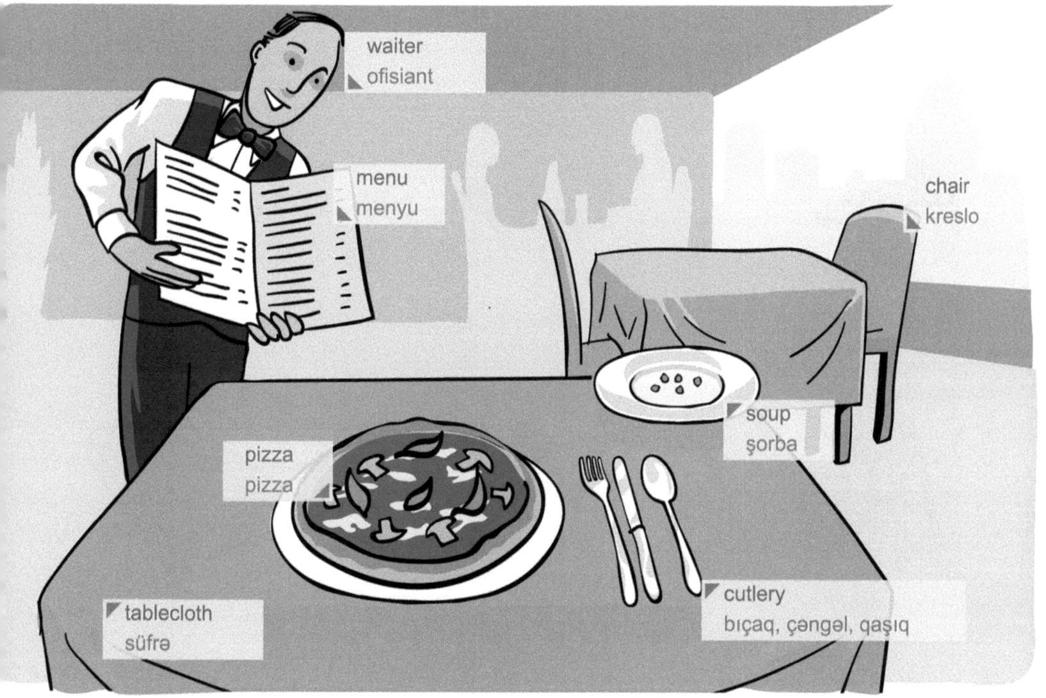
waiter
ofisiant
menu
menyu
chair
kreslo
soup
şorba
pizza
pizza
tablecloth
süfrə
cutlery
bıçaq, çəngəl, qaşıq

starter

məzə

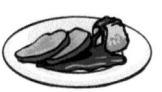

main course

əsas yemək

dessert

desert

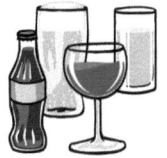

drinks

içkilər

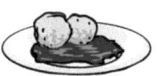

food

yemək

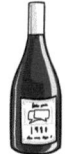

bottle

şüşə

fast food

fast food

street food

küçə yeməkləri

teapot

çaynik

sugar bowl

qəndqabı

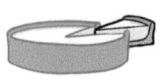

portion

pay

espresso machine

espresso maşını

high chair

hündür uşaq kreslosu

bill

faktura

tray

nimçə

knife

bıçaq

fork

çəngəl

spoon

qaşıq

teaspoon

çay qaşığı

serviette

salfet

glass

şüşə

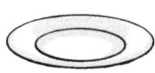

plate

boşqab

soup plate

şorba boşqabı

saucer

nəlbəki

sauce

sous

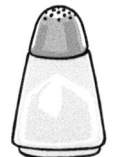

salt pot

duz qabı

pepper mill

bibərüyüdən

vinegar

sirkə

oil

duru yağ

spices

ədviyyat

ketchup

ketçup

mustard

xardal

mayonnaise

mayonez

supermarket

supermarket

special offer
xüsusi təklif
FOR
customer
müştəri
dairy
süd məhsulları
fruit
meyvə
trolley
alış-veriş arabası

BUTCHERS

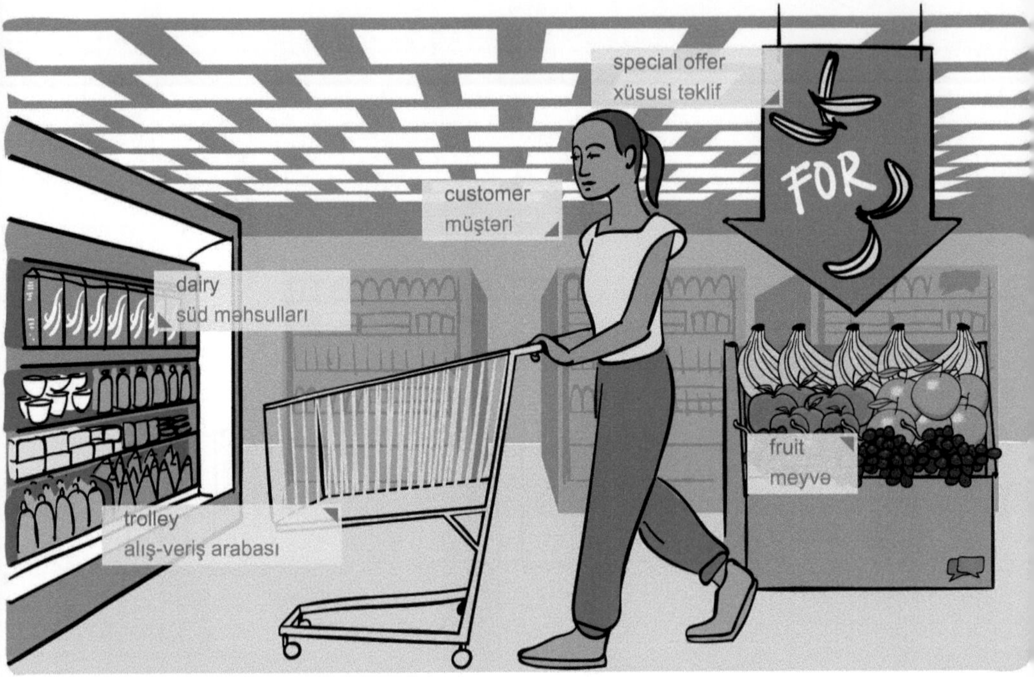

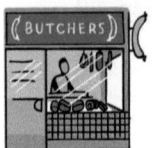

butcher´s

qəssab dükanı

BAKERY

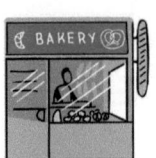

baker´s

çörəkçi

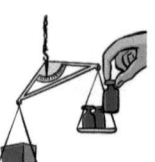

weigh

çəkmək

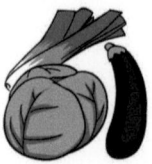

vegetables

tərəvəz

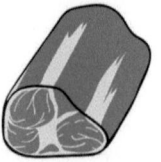

meat

ət

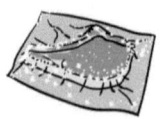

frozen food

dondurulmuş qida

cold meat

soyuq ət yeməyi

tinned food

konservləşdirilmiş qida

washing powder

yuyucu toz

sweets

şirniyyat

household products

təsərrüfat malları

cleaning products

yuyucu vasitələr

salesperson

satıcı

till

kassa

cashier

kassir

shopping list

alış-veriş siyahısı

opening hours

iş saatları

wallet

pul kisəsi

credit card

kredit kartı

bag

torba

plastic bag

plastik torba

water
su

juice
şirə

milk
süd

coke
cola

wine
şərab

beer
pivə

alcohol
alkoqollu içkilər

cocoa
kakao

tea
çay

coffee
qəhvə

espresso
espresso

cappuccino
kapuçino

banana

banan

apple

alma

orange

portağal

melon

yemiş

lemon

limon

carrot

yerkökü

garlic

sarımsaq

bamboo

bambuq

onion

soğan

mushroom

göbələk

nuts

qoz-fındıq

noodles

əriştə

spaghetti

spagetti

rice

düyü

salad

salat

chips

cips

fried potatoes

qızardılmış kartof

pizza

pizza

hamburger

hamburger

sandwich

sandviç

cutlet

eskalop

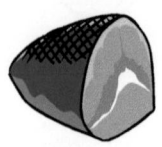

ham

hisə verilmiş donuz əti

salami

salyami

sausage

kolbasa

chicken

toyuq

roast

qızardılmış ət tikəsi

fish

balıq

porridge oats

yulaf yarması

muesli

müsli

cornflakes

partlaq qarğıdalı

flour

un

croissant

kruassan

bread roll

bulka

bread

çörək

toast

tost

biscuits

peçenye

butter

kərə yağı

curd

kəsmik

cake

tort

egg

yumurta

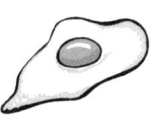

fried egg

qayğanaq

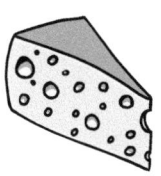

cheese

pendir

ice cream

dondurma

sugar

şəkər

honey

bal

jam

mürəbbə

chocolate spread

şokolad pastası

curry

köri

farm
ferma

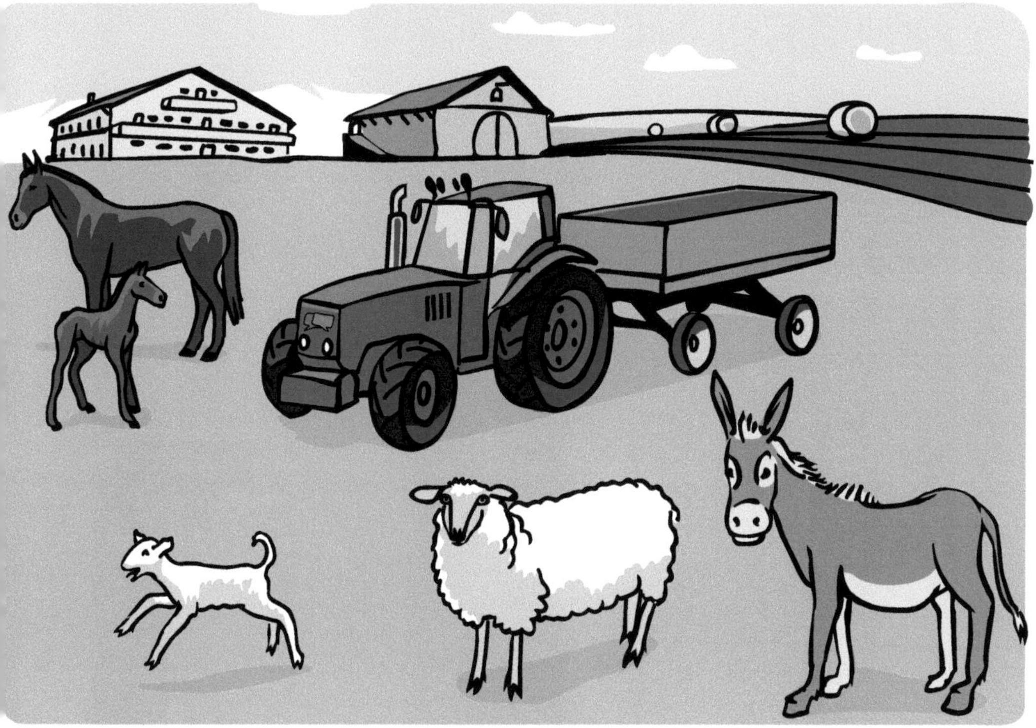

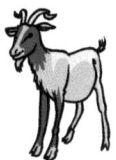

goat

keçi

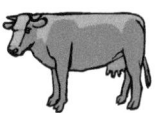

cow

inək

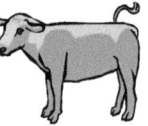

calf

dana

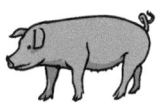

pig

donuz

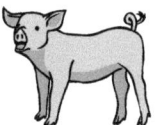

piglet

donuz balası

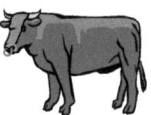

bull

öküz

goose

qaz

duck

ördək

chick

cücə

hen

toyuq

cock

xoruz

rat

siçovul

cat

pişik

mouse

siçan

ox

öküz

dog

it

doghouse

itdamı

garden hose

bağ şlanqı

watering can

susəpən

scythe

dəryaz

plough

kotan

sickle

oraq

hoe

kətman

pitchfork

yaba

axe

balta

wheelbarrow

əl arabası

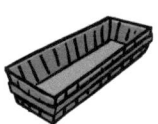

trough

çalov

milk can

süd bidonu

sack

çuval

fence

çəpər

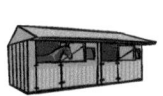

stable

tövlə

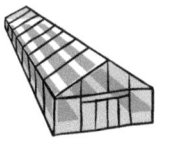

greenhouse

istixana

soil

torpaq

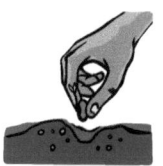

seed

toxum

fertilizer

gübrə

combine harvester

taxılbiçən kombayn

harvest

məhsul yığmaq

harvest

məhsul yığımı

yams

yam

wheat

buğda

soy

soya

potato

kartof

corn

dən

rapeseed

raps

fruit tree

meyvə ağacı

cassava

maniok

cereals

yarma

living room

qonaq otağı

bathroom

hamam otağı

kitchen

mətbəx

bedroom

yataq otağı

child's room

uşaq otaqı

dining room

yemək otağı

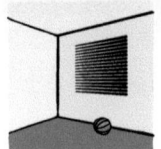

floor

döşəmə

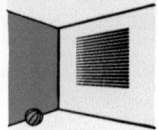

wall

divar

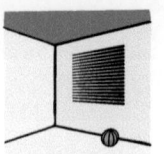

ceiling

tavan

cellar

zirzəmi

sauna

sauna

balcony

balkon

terrace

terras

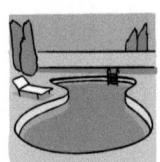

pool

üzgüçülük hovuzu

lawn mower

otbiçən maşın

sheet

mələfə

bedspread

yataq örtüyü

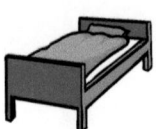

bed

yataq

broom

süpürgə

bucket

vedrə

switch

elektrik açarı

living room
qonaq otağı

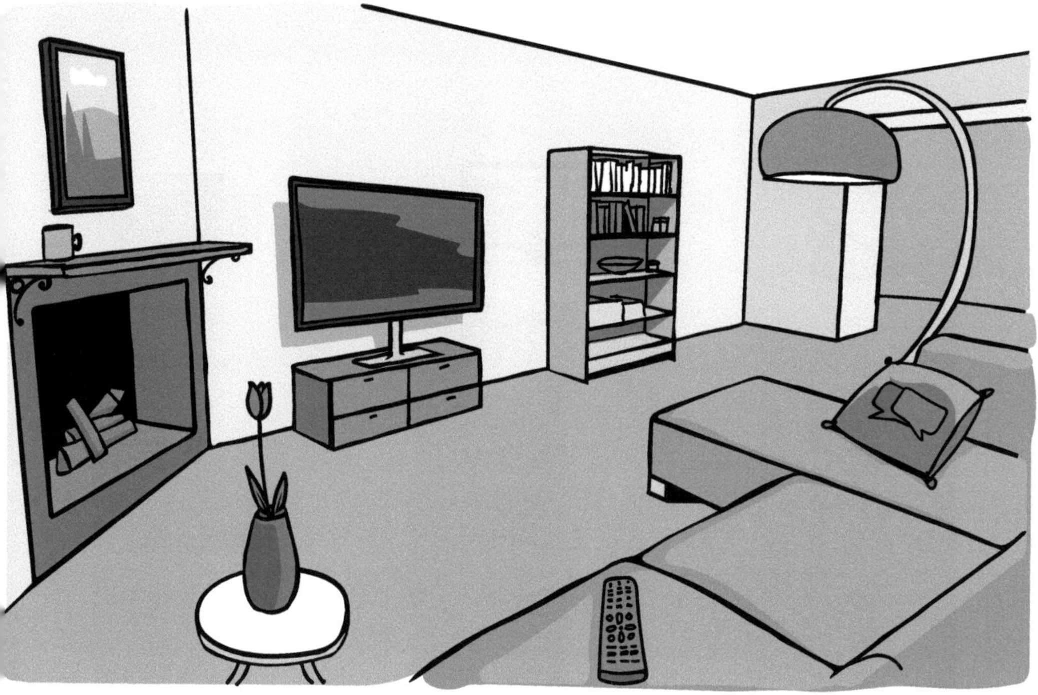

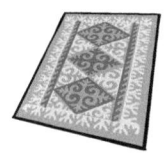

carpet

xalça

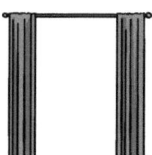

curtain

pərdə

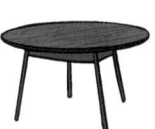

table

masa

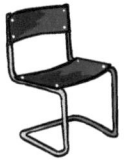

chair

kreslo

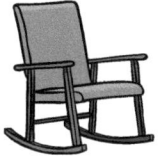

rocking chair

yırğalanan stul

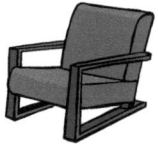

armchair

kreslo

book

kitab

blanket

yorğan

decoration

bəzək

firewood

odun

film

film

hi-fi equipment

stereo səs sistemi

key

açar

newspaper

qəzet

painting

rəsm əsəri

poster

plakat

radio

radio

notepad

bloknot

hoover

tozsoran

cactus

kaktus

candle

şam

kitchen
mətbəx

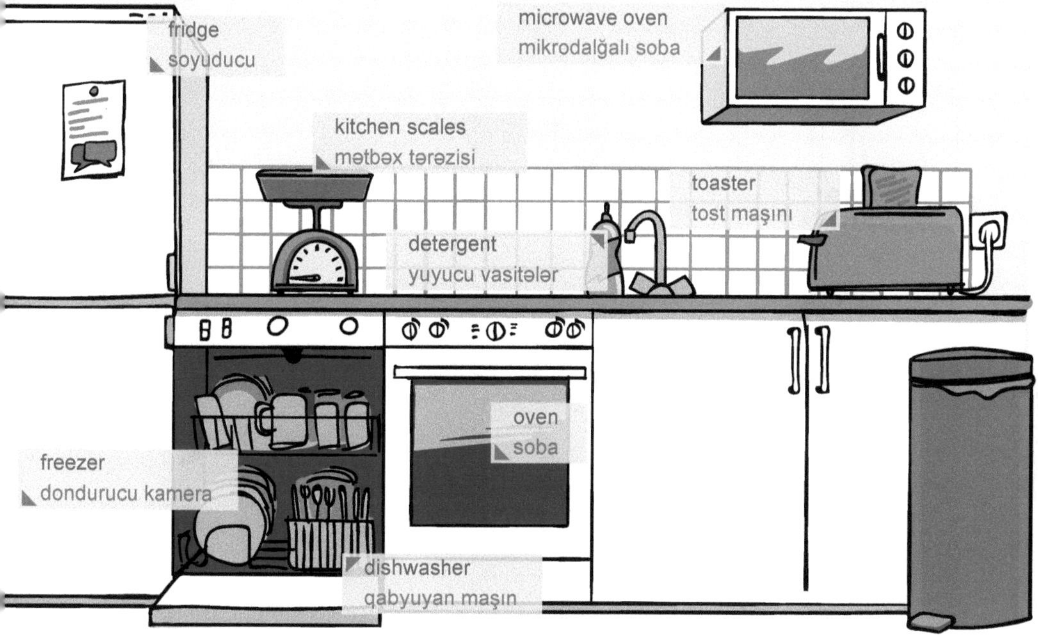
fridge
soyuducu
microwave oven
mikrodalğalı soba
kitchen scales
mətbəx tərəzisi
toaster
tost maşını
detergent
yuyucu vasitələr
oven
soba
freezer
dondurucu kamera
dishwasher
qabyuyan maşın

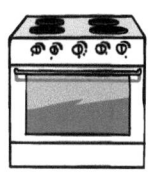

cooker

soba

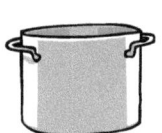

pot

qazan

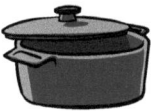

cast-iron pot

çuqun qazan

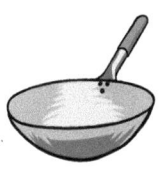

wok / kadai

vok / kadai

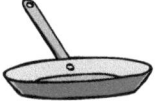

pan

tava

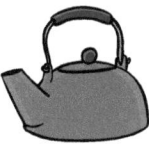

kettle

çaydan

steamer

buxar qazanı

baking tray

sac

crockery

qab

mug

fincan

bowl

ləyən

chopsticks

yemək üçün çubuqlar

ladle

çömçə

spatula

spatula

whisk

çırpıcı

strainer

süzgəc

sieve

ələk

grater

sürtgəc

mortar

həvəngdəstə

barbecue

barbekyu

open fire

ocaq

chopping board

doğrama taxtası

rolling pin

oxlov

corkscrew

probkaçıxaran

can

banka

can opener

bankaağzıaçan

pot holder

qabtutan

sink

əl üz yuyan

brush

fırça

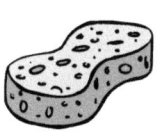

sponge

süngər

blender

blender

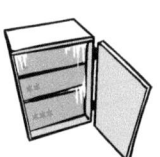

deep freezer

dondurucu

baby bottle

körpə şüşəsi

tap

kran

bathroom

hamam otağı

heating
qızdırıcı
towel
dəsmal
shower
duş
shower curtain
duş pərdəsi
bubble bath
köpüklü vanna
bathtub
hamam vannası
glass
şüşə
washing machine
paltaryuyan maşın
tap
kran
tiles
kafel
potty
güvəc
sink
əl üz yuyan

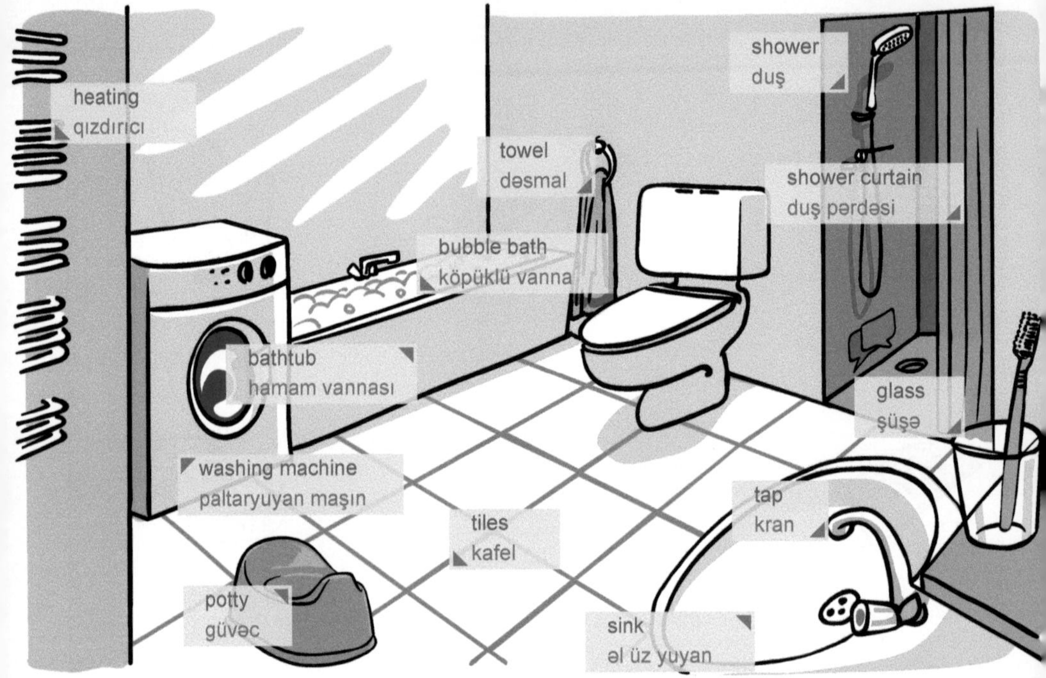

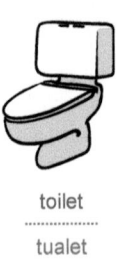

toilet

tualet

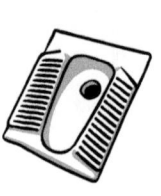

squat toilet

çömbəlmə tualet

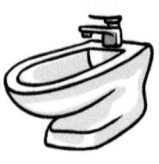

bidet

bide

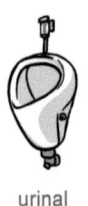

urinal

urinal

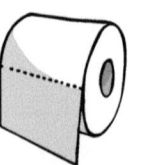

toilet paper

tualet kağızı

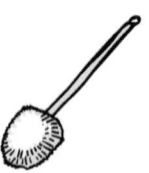

toilet brush

tualet fırçası

toothbrush

diş fırçası

toothpaste

diş pastası

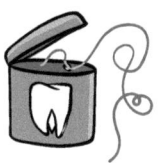

dental floss

diş ipi

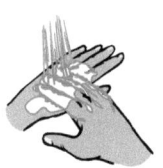

wash

yumaq

handheld shower

əl duşu

douche

intim duş

basin

taz

back brush

bel fırçası

soap

sabun

shower gel

duş üçün gel

shampoo

şampun

flannel

əsgi

drain

drenaj

cream

krem

deodorant

dezodorant

mirror

güzgü

hand mirror

əl güzgüsü

razor

ülgüc

shaving foam

üz qırxmaq üçün köpük

aftershave

təraşdan sonra su

comb

daraq

brush

fırça

hair dryer

fen

hairspray

saç spreyi

makeup

makiyaj

lipstick

dodaq boyası

nail varnish

dırnaq lakı

cotton wool

pambıq

nail scissors

dırnaq qayçısı

perfume

ətir

washbag

gigiyenik torba

stool

kətil

weighing scale

tərəzi

bathrobe

hamam xalatı

rubber gloves

rezin əlcək

tampon

tampon

sanitary towel

gigiyenik salfet

chemical toilet

kimyəvi tualet

child's room

uşaq otaqı

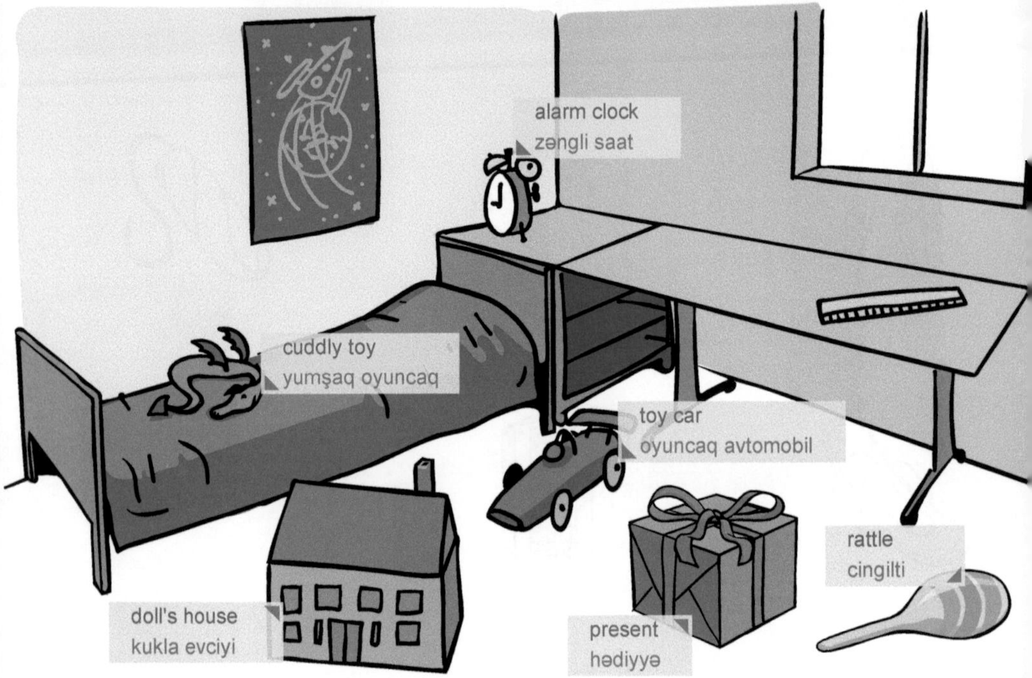
alarm clock
zəngli saat
cuddly toy
yumşaq oyuncaq
toy car
oyuncaq avtomobil
rattle
cingilti
doll's house
kukla evciyi
present
hədiyyə

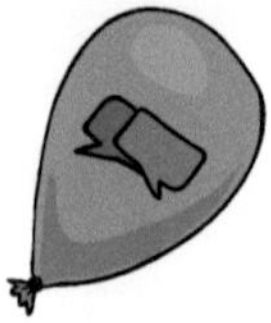

balloon

balon

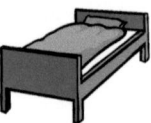

bed

yataq

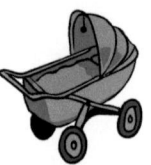

pram

uşaq arabası

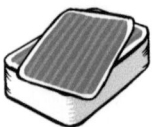

deck of cards

kart dəsti

jigsaw

elektrik mişarı

SUPER MEGA

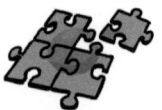

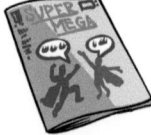

comic

komik

lego bricks

leqo kərpici

building blocks

konstruktor blokları

action figure

oyuncaq-personaj

babygrow

yeni doğulmuş körpələr
üçün geyimi

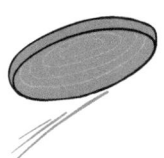

frisbee

frisbi

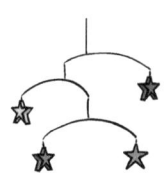

mobile

yataq üstünə asılan körpə
oyuncağı

board game

masaüstü oyun

dice

zər

model train set

oyuncaq qatar

dummy

emzik

party

qonaqlıq

picture book

rəsmli kitab

ball

top

doll

kukla

play

oynamaq

child's room - uşaq otaqı

sandpit

qum qutusu

swing

yelləncək

toys

oyuncaqlar

video game console

video oyun konsolu

tricycle

üç təkərli velosiped

teddy bear

plüşdən hazırlanmış oyuncaq ayı

wardrobe

şkaf

clothing

geyim

socks

corab

stockings

corab

tights

kalqotka

scarf
kaşne

umbrella
çətir

belt
kəmər

t-shirt
t-shirt

trainers
idman ayaqqabısı

boots
çəkmə

slippers
şəpit

sandals

sandallar

shoes

ayaqqabı

rubber boots

rezin çəkmələr

underpants

dizlik

bra

lifçik

vest

alt köynəyi

body

alt paltarı

trousers

şalvar

jeans

cins

skirt

yubka

blouse

bluza

shirt

köynək

pullover

sviter

hoodie

başlıqlı idman gödəkçəsi

blazer

gödəkçə

jacket

gödəkcə

coat

pencək

raincoat

plaş

costume

kostyum

dress

paltar

wedding dress

gəlin paltarı

suit

kostyum

nightgown

gecə köynəyi

pyjamas

pijama

sari

sari

headscarf

hicab / eşarp

turban

çalma

burqa

burka

kaftan

kaftan

abaya

abaya

swimsuit

çimərlik geyimi

trunks

tumuş

shorts

şort

tracksuit

məşq kostyumu

apron

önlük

gloves

əlcək

button

düymə

glasses

eynək

bracelet

bilərzik

necklace

boyunbağı

ring

üzük

earring

sırğa

cap

papaq

coat hanger

asılqan

hat

papaq

tie

qalstuk

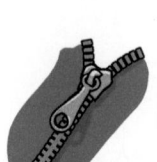

zip

zəncirbənd

helmet

dəbilqə

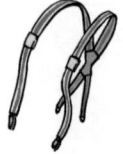

braces

aşırma

school uniform

məktəb uniforması

uniform

uniforma

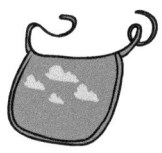

bib

döşlük

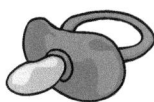

dummy

emzik

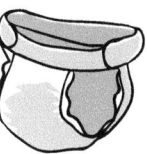

nappy

körpə bezi

office
ofis

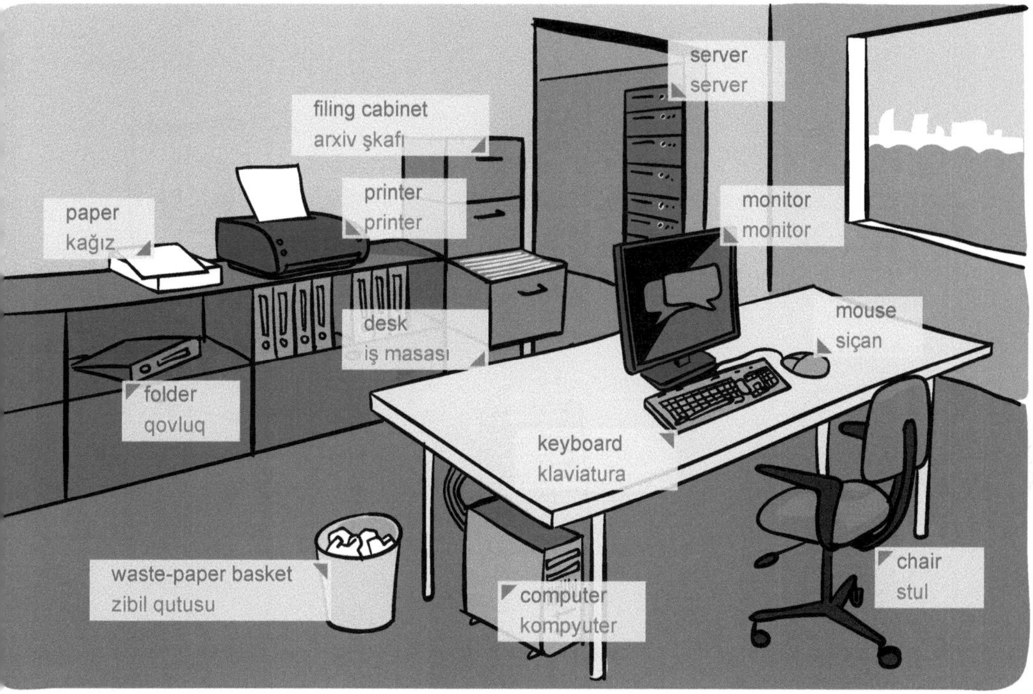
server
server
filing cabinet
arxiv şkafı
printer
printer
paper
kağız
monitor
monitor
mouse
siçan
desk
iş masası
folder
qovluq
keyboard
klaviatura
waste-paper basket
zibil qutusu
computer
kompyuter
chair
stul

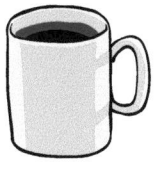

coffee mug

qəhvə fincanı

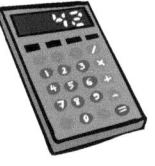

calculator

kalkulyator

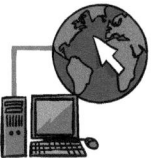

internet

internet

laptop

laptop

letter

məktub

message

mesaj

mobile

mobil telefon

network

şəbəkə

photocopier

surətçıxaran maşın

software

proqram təminatı

telephone

telefon

plug socket

ştepsel

fax machine

faks

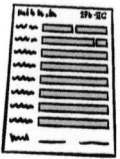

form

forma

document

sənəd

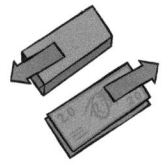

buy

satın almaq

pay

ödəmək

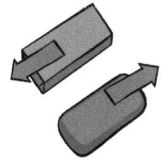

trade

alverlə məşğul olmaq

money

pul

dollar

dollar

euro

avro

yen

yen

rouble

rubl

Swiss franc

frank

renminbi yuan

renminbi yuan

rupee

rupi

cashpoint

bankomat

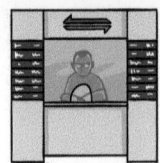

bureau de change

valyuta mübadiləsi
məntəqəsi

gold

qızıl

silver

gümüş

oil

neft

energy

enerji

price

qiymət

contract

müqavilə

tax

vergi

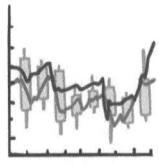

stock

səhm

work

işləmək

employee

işçi

employer

işəgötürən

factory

fabrik

shop

dükan

police officer
polis əmkdaşı

fireman
yanğınsöndürən

cook
aşbaz

doctor
həkim

pilot
pilot

gardener

bağban

carpenter

dülgər

seamstress

dərzi

judge

hakim

chemist

kimyaçı

actor

aktyor

bus driver

avtobus sürücüsü

taxi driver

taksi sürücüsü

fisherman

balıqçı

cleaning lady

xadimə

roofer

dam işçisi

waiter

ofisiant

hunter

ovçu

painter

rəssam

baker

çörəkçi

electrician

elektrik ustası

builder

inşaat işçisi

engineer

mühəndis

butcher

qəssab

plumber

santexnik

postman

poçtalyon

soldier

əsgər

architect

memar

cashier

kassir

florist

gül-çiçək satıcısı

hairdresser

bərbər

conductor

konduktor

mechanic

mexanik

captain

kapitan

dentist

diş həkimi

scientist

alim

rabbi

ravvin

imam

imam

monk

rahib

clergyman

keşiş

tools
alətlər

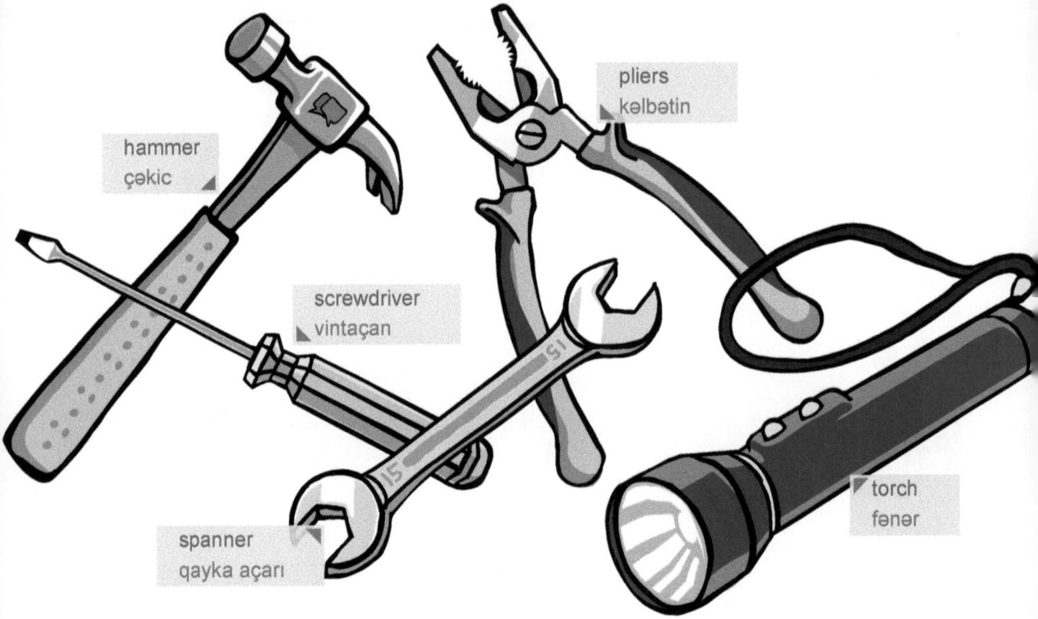
hammer
çəkic
pliers
kəlbətin
screwdriver
vintaçan
spanner
qayka açarı
torch
fənər

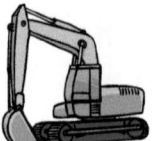

digger
ekskavator

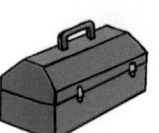

toolbox
alətlər qutusu

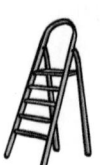

ladder
nərdivan

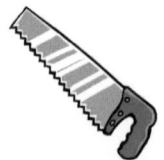

saw
mişar

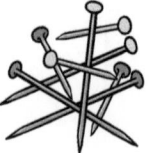

nails
dırnaqlar

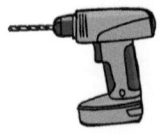

drill
drel

repair

təmir etmək

shovel

kürək

Damn!

Lənət olsun!

dustpan

xəkəndaz

paint pot

boya vedrəsi

screws

vintlər

musical instruments
musiqi alətləri

loudspeaker
dinamik

drum kit
zərb alətləri

guitar
gitara

double bass
kontrabas

trumpet
trompet

piano

fortepiano

violin

skripka

bass

bas

timpani

timpani

drums

nağara

keyboard

sintezator

saxophone

saksafon

flute

fleyta

microphone

mikrofon

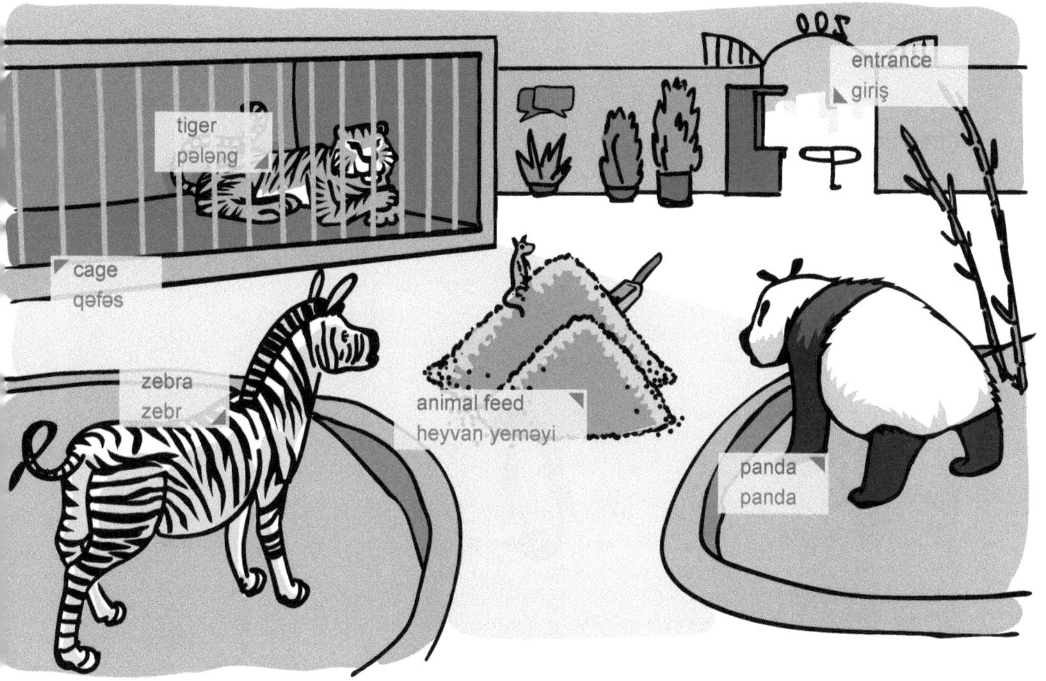

entrance
giriş

tiger
pələng

cage
qəfəs

zebra
zebr

animal feed
heyvan yeməyi

panda
panda

animals

heyvanlar

elephant

fil

kangaroo

kenquru

rhino

kərgədan

gorilla

qorilla

bear

ayı

camel

dəvə

ostrich

dəvəquşu

lion

aslan

monkey

meymun

flamingo

flamingo

parrot

tutuquşu

polar bear

qütb ayısı

penguin

pinqvin

shark

köpəkbalığı

peacock

tovuz

snake

ilan

crocodile

timsah

zookeeper

zoopark işçisi

seal

suiti

jaguar

yaquar

pony

poni

leopard

bəbir

hippo

hippopotam

giraffe

zürafə

eagle

qartal

boar

qaban

fish

balıq

turtle

tısbağa

walrus

morj

fox

tülkü

gazelle

ceyran

American football
amerikan futbolu

cycling
velosiped sürmək

tennis
tennis

basketball
basketbol

swimming
üzgüçülük

ice hockey
buz xokkeyi

boxing
boks

football
futbol

badminton
badminton

athletics
yüngül atletika

handball
həndbol

skiing
xizək

polo
polo

laugh
gülmək

jump
tullanmaq

hug
qucaqlaşmaq

walk
getmək

sing
oxumaq

dream
yuxu görmək

pray
dua etmək

kiss
öpüşmək

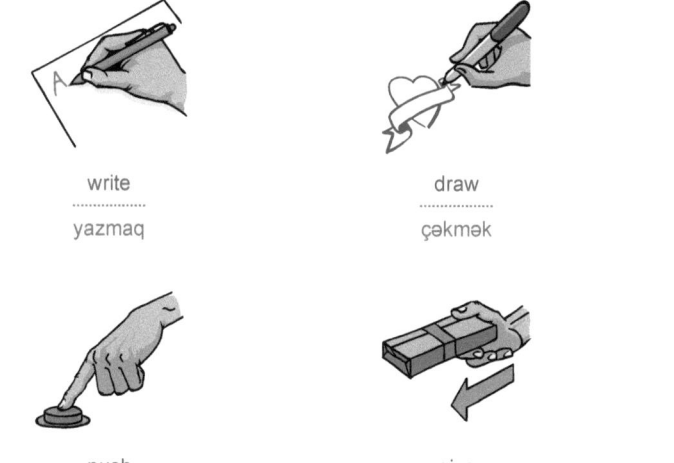

write	draw	show
yazmaq	çəkmək	göstərmək

push	give	take
itələmək	vermək	götürmək

have

sahibi olmaq

do

etmək

be

olmaq

stand

durmaq

run

qaçmaq

pull

çəkmək

throw

atmaq

fall

düşmək

lie

uzanmaq

wait

gözləmək

carry

daşımaq

sit

oturmaq

get dressed

geyinmək

sleep

yatmaq

wake up

ayılmaq

activities - fəaliyyət

look at

baxmaq

cry

ağlamaq

stroke

sığallamaq

comb

daramaq

talk

danışmaq

understand

anlamaq

ask

soruşmaq

listen

dinləmək

drink

içmək

eat

yemək

tidy up

təmizləmək

love

sevmək

cook

bişirmək

drive

sürmək

fly

uçmaq

sail

üzmək

calculate

hesablamaq

read

oxumaq

learn

öyrənmək

work

işləmək

marry

evlənmək

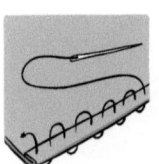

sew

tikmək

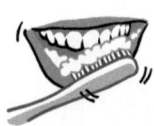

brush teeth

dişləri təmizləmək

kill

öldürmək

smoke

siqaret çəkmək

send

göndərmək

grandmother
nənə

grandfather
baba

father
ata

mother
ana

baby
körpə

daughter
qız

son
oğul

guest

qonaq

aunt

xala/bibi

uncle

əmi/dayı

brother

qardaş

sister

bacı

family - ailə

body
bədən

forehead
alın
eye
göz
shoulder
çiyin
finger
barmaq
face
üz
chin
buxaq
hand
əl
leg
ayaq
breast
döş
arm
qol

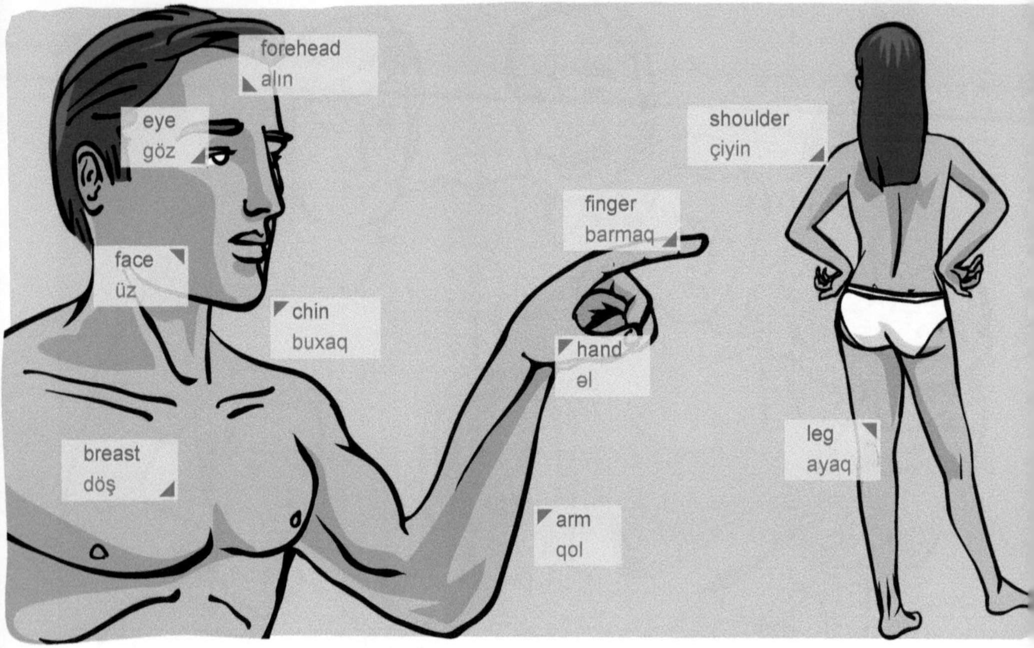

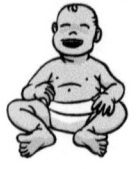

baby
körpə

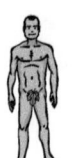

man
kişi

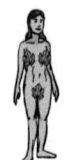

woman
qadın

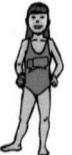

girl
qız

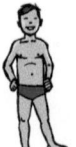

boy
oğlan

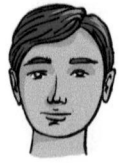

head
baş

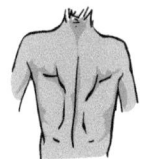	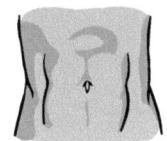	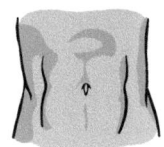
back	belly	belly button
bel	qarın	göbək
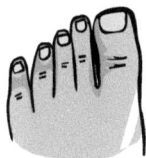	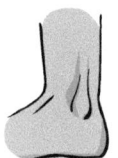	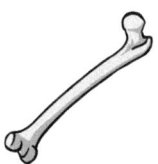
toe	heel	bone
ayaq barmağı	daban	sümük
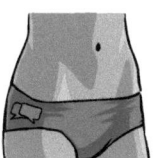	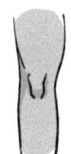	
hip	knee	elbow
bud	diz	dirsək
		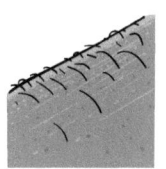
nose	bottom	skin
burun	sağrı	dəri
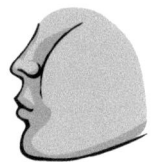	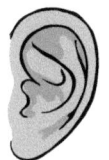	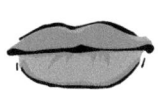
cheek	ear	lip
yanaq	qulaq	dodaq

body - bədən

mouth

ağız

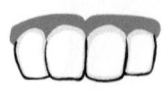

tooth

diş

tongue

dil

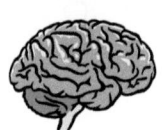

brain

beyin

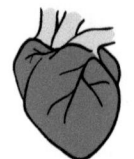

heart

ürək

muscle

əzələ

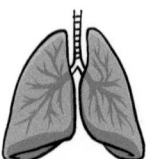

lung

ağciyər

liver

qaraciyər

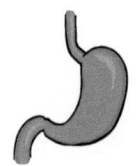

stomach

mədə

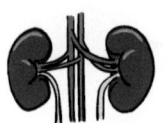

kidneys

böyrəklər

sex

cinsi yaxınlıq

condom

kondom

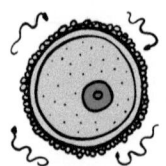

ovum

qadın cinsi hüceyrə

semen

sperma

pregnancy

hamiləlik

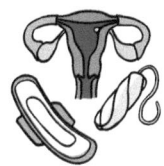

menstruation

aybaşı

vagina

vagina

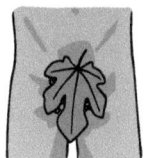

penis

penis

eyebrow

qaş

hair

saç

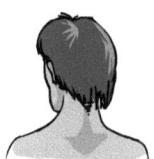

neck

boyun

hospital

xəstəxana

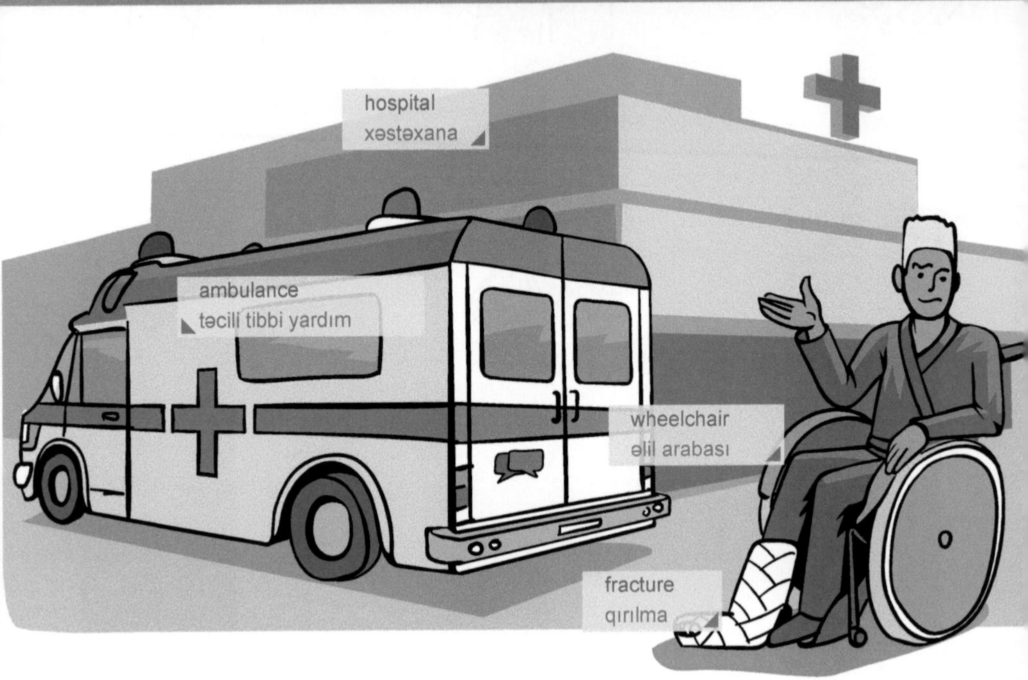

hospital
xəstəxana
ambulance
təcili tibbi yardım
wheelchair
əlil arabası
fracture
qırılma

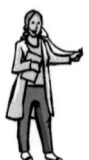

doctor

həkim

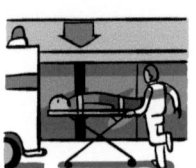

emergency room

reanimasiya şöbəsi

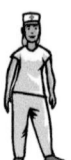

nurse

tibb bacısı

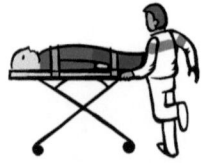

emergency

fövqəladə hallar

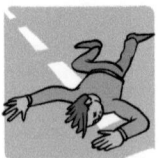

unconscious

huşunu itirmiş

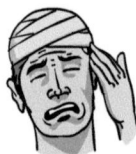

pain

ağrı

injury

zədə

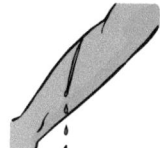

bleeding

qanaxma

heart attack

infarkt

stroke

insult

allergy

allergiya

cough

öskürək

fever

qızdırma

flu

qrip

diarrhoea

ishal

headache

başağrısı

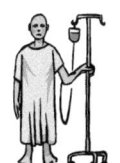

cancer

xərçəng

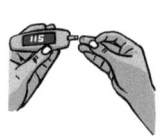

diabetes

şəkərli diabet

surgeon

cərrah

scalpel

neştər

operation

əməliyyat

CT

CT

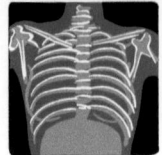

x-ray

rentgen

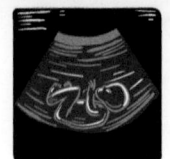

ultrasound

ultrasəs

face mask

maska

disease

xəstəlik

waiting room

gözləmə otağı

crutch

qoltuqağacı

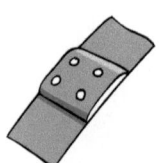

plaster

plaster

bandage

sarğı

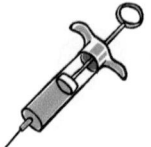

injection

inyeksiya

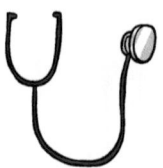

stethoscope

steteskop

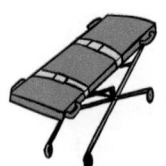

stretcher

xərək

clinical thermometer

hərarətölçən

birth

doğum

overweight

çəki artıqlığı

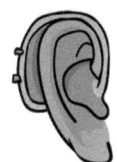

hearing aid

eşitmə aparatı

disinfectant

dezinfeksiyaedici

infection

infeksiya

virus

virus

HIV / AIDS

QİÇS

medicine

tibb

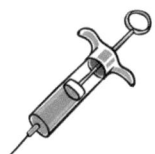

vaccination

peyvənd

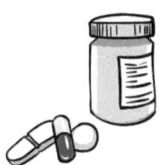

tablets

həblər

pill

həb

emergency call

təcili zəng

blood pressure monitor

qan təzyiqini ölçmək üçün cihaz

ill / healthy

xəstə / sağlam

Help!
....
Kömək edin!

alarm
....
həyəcan siqnalı

assault
....
basqın

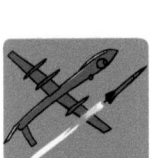

attack
....
hücum

danger
....
təhlükə

emergency exit
....
ehtiyat çıxışı

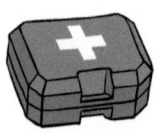

Fire!
....
Yanğın!

fire extinguisher
....
odsöndürən

accident
....
qəza

first-aid kit
....
ilkin yardım qutus

SOS
....
SOS

police
....
polis

Europe

Avropa

North America

Şimali Amerika

South America

Cənubi Amerika

Africa

Afrika

Asia

Asiya

Australia

Avstraliya

Atlantic

Atlantik

Pacific

Sakit Okean

Indian Ocean

Hind okeanı

Antarctic Ocean

Antarktika Okeanı

Arctic Ocean

Şimal Buzlu okeanı

North Pole

Şimal qütbü

South Pole

Cənub qütbü

Antarctica

Antarktika

Earth

Yer kürəsi

land

ölkə

sea

dəniz

island

ada

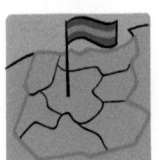

nation

millət

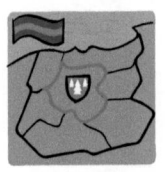

state

dövlət

clock face

siferblat

hour hand

saat əqrəbi

minute hand

dəqiqə əqrəbi

second hand

saniyə əqrəbi

What time is it?

Saat neçədir?

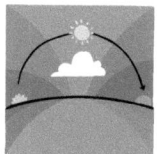

day

gün

time

vaxt

now

indi

digital watch

rəqəmsal saat

minute

dəqiqə

hour

saat

week

həftə

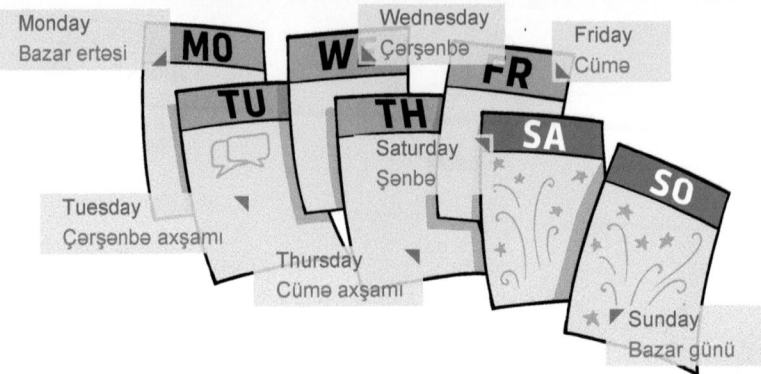

Monday / Bazar ertəsi
Tuesday / Çərşənbə axşamı
Wednesday / Çərşənbə
Thursday / Cümə axşamı
Friday / Cümə
Saturday / Şənbə
Sunday / Bazar günü

yesterday

dünən

today

bugün

tomorrow

sabah

morning

səhər

noon

günorta

evening

axşam

business days

iş günü

weekend

həftə sonu

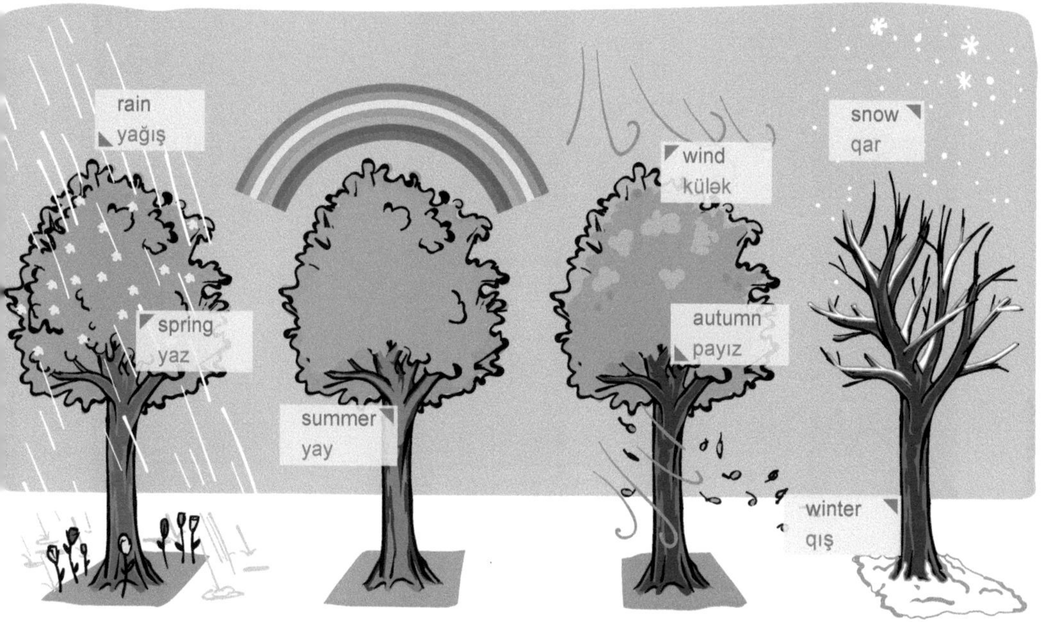

rain
yağış
wind
külək
snow
qar
spring
yaz
autumn
payız
summer
yay
winter
qış

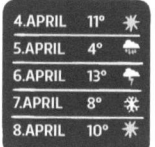

4.APRIL 11°
5.APRIL 4°
6.APRIL 13°
7.APRIL 8°
8.APRIL 10°

weather forecast

hava proqnozu

F C
120 90 60 30 0 -30
40 30 20 10 0 -10 -20

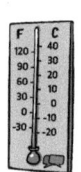

thermometer

termometr

sunshine

günəş işığı

cloud

bulud

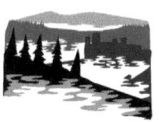

fog

duman

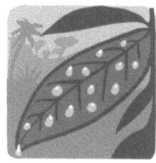

humidity

rütubət

lightning

ildırım

thunder

göy gurultusu

storm

fırtına

hail

dolu

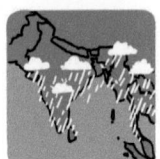

monsoon

musson

flood

daşqın

ice

buz

January

yanvar

February

fevral

March

mart

April

aprel

May

may

June

iyun

July

iyul

August

avqust

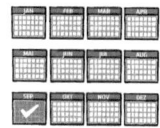

September
....
sentyabr

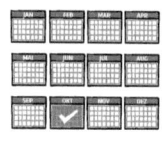

October
....
oktyabr

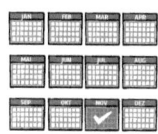

November
....
noyabr

December
....
dekabr

shapes
formalar

circle
....
dairə

square
....
kvadrat

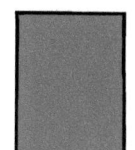

rectangle
....
düzbucaqlı

triangle
....
üçbucaq

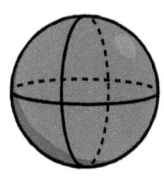

sphere
....
kürə

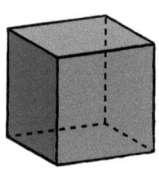

cube
....
kub

white

ağ

yellow

sarı

orange

narıncı

pink

çəhrayı

red

qırmızı

purple

bənövşəyi

blue

mavi

green

yaşıl

brown

palıdı

grey

boz

black

qara

a lot / a little

çox / az

angry / calm

qeyzli / sakit

beautiful / ugly

yaraşıqlı / eybəcər

beginning / end

başlanğıc / son

big / small

böyük / kiçik

bright / dark

işıqlı / qaranlıq

brother / sister

qardaş / bacı

clean / dirty

təmiz / kirli

complete / incomplete

tam / natamam

day / night

gündüz / gecə

dead / alive

ölü / diri

wide / narrow

geniş / dar

edible / inedible

yemeli / yeyilməyən

evil / kind

hirsli / mehriban

excited / bored

həyəcanlı / bezmiş

fat / thin

kök / arıq

first / last

ilk / son

friend / enemy

dost / düşmən

full / empty

dolu / boş

hard / soft

sərt / yumşaq

heavy / light

ağır / yüngül

hunger / thirst

aclıq / susuzluq

ill / healthy

xəstə / sağlam

illegal / legal

qanunsuz / qanuni

intelligent / stupid

ağıllı / axmaq

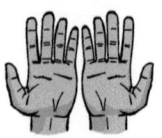

left / right

sol / sağ

near / far

yaxın / uzaq

opposites - əksinə

new / used

yeni / istifadə edilmiş

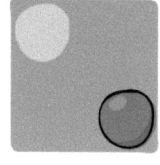

nothing / something

heç bir şey / bir şey

old / young

qoca / gənc

on / off

açma / bağlama

open / closed

açıq / bağlı

quiet / loud

sakit/ bərk

rich / poor

varlı / kasıb

right / wrong

düzgün / səhv

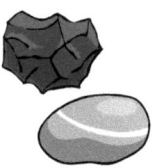

rough / smooth

kobud / hamar

sad / happy

kədərli / xoşbəxt

short / long

qısa / uzun

slow / fast

yavaş / sürətli

wet / dry

yaş / quru

warm / cool

isti / sərin

war / peace

müharibə / sülh

opposites - əksinə

numbers

ədədlər

0

zero

sıfır

1

one

bir

2

two

iki

3

three

üç

4

four

dörd

5

five

beş

6

six

altı

7

seven

yeddi

8

eight

səkkiz

9

nine

doqquz

10

ten

on

11

eleven

on bir

12

twelve

on iki

13

thirteen

on üç

14

fourteen

on dörd

15

fifteen

on beş

16

sixteen

on altı

17

seventeen

on yeddi

18

eighteen

on səkkiz

19

nineteen

on doqquz

20

twenty

iyirmi

100

hundred

yüz

1.000

thousand

min

1.000.000

million

milyon

English

İngilis dili

American English

İngilis dilinin amerikan variantı

Chinese Mandarin

Çin dilinin Mandarin dialekti

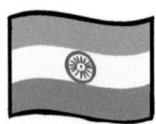

Hindi

Hind dili

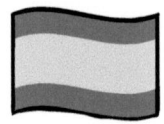

Spanish

İspan dili

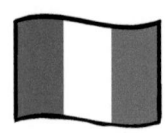

French

Fransız dili

Arabic

Ərəb dili

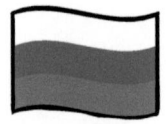

Russian

Rus dili

Portuguese

Portuqal dili

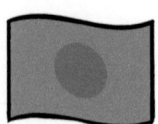

Bengali

Benqal dili

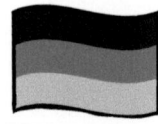

German

Alman dili

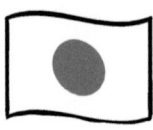

Japanese

Yapon dili

I

mən

you

sən

he / she / it

o / o / o

we

biz

you

siz

they

onlar

who?

kim?

what?

nə?

how?

necə?

where?

harada?

when?

nə zaman?

name

ad

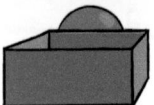

behind

arxadan

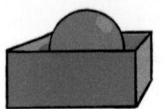

in

içində

in front of

qarşısında

over

üzərində

on

dair

under

altında

beside

yanaşı

between

arasında

place

yer